DIE BREITRANDSCHILDKRÖTE
TESTUDO MARGINATA

Mario Herz

Die Krönung der Schildkrötenhaltung: gesunde Nachzuchten mit Muttertier Foto: M. Herz

Inhalt

Bildnachweis:
Titelbild: Jungtier der Zwergform der Breitrandschildkröte im natürlichen Habitat auf dem Peloppones Foto: M. Herz
Kleines Bild: M. Herz
Seite 1: Breitrandschildkröte im natürlichen Lebensraum in Griechenland Foto: M. Herz

ISBN 978-3-937285-94-8

 Natur und Tier - Verlag GmbH
An der Kleimannbrücke 39/41
48157 Münster
www.ms-verlag.de

Geschäftsführung: Matthias Schmidt
Lektorat: Mike Zawadzki, Heiko Werning, Kristina Stephen & Kriton Kunz
Layout: Astrid Hilbert
Druck: Druckhaus Fromm, Osnabrück

Vorwort

SCHILDkröten faszinieren auch Menschen, die ansonsten eine Abneigung gegen Reptilien haben. Sie sind beliebt, und die Schar der Schildkrötenenthusiasten wird immer größer.

Europäische Landschildkröten sind aufgrund ihrer leichten Verfügbarkeit und der im Verhältnis zu tropischen Landschildkröten einfacheren Haltung in den Terrarien weit verbreitet. Wegen vieler vorteilhafter Eigenschaften nehmen sie in der Beliebtheitsskala der Terrarientiere einen der vordersten Plätze ein. Bereits zum Anfang des letzten Jahrhunderts wurden diese Tiere im Terrarium gehalten. Einen Boom erlebten sie als Haustiere in den 1960er- und 1970er-Jahren, als sie zu Tausenden in den deutschsprachigen Raum importiert wurden. Innerhalb weniger Monate waren sie alle verkauft. Viele haben das erste Jahr in ihrer neuen Umgebung nicht

Weibchen der Zwergform im Biotop auf dem Peloponnes Foto: M. Herz

überlebt und starben an mangelhafter Pflege. In den seltensten Fällen wurden diese Schildkröten für längere Zeit gehalten. Erst mit Inkraftsetzung des Washingtoner Artenschutzabkommens und dem damit einhergehenden Importverbot wurde dem ein Ende gesetzt. Nunmehr gewann die Erhaltungszucht an Bedeutung. Im Laufe der letzten Jahre wurde das Wissen über die Pflege und Ernährung dieser Schildkröten stark erweitert.

Die Breitrandschildkröte gilt als die schönste und seltenste Art der Europäischen Landschildkröten. Ihren Namen verdankt sie den im hinteren Abschnitt des Carapaxes (Rückenpanzer) verbreiterten Marginalschilden. Sie war nicht so sehr von den Massenimporten in den 1960er- und 1970er-Jahren betroffen und ist daher nicht so häufig in Menschenobhut anzutreffen. Im Terrarium erweist sich die Breitrandschildkröte wärmebedürftiger als andere Vertreter der Gattung Testudo. Aufgrund ihres Verbreitungsgebietes und dem damit einhergehenden Klima sollte die Breitrandschildkröte hierzulande nicht ohne Frühbeethaus im Freiland gehalten werden. Die Art ist von Ende März bis Mitte Oktober aktiv. Zur artgerechten Haltung ist unbedingt eine Winterruhe einzuhalten. Um den Haltungsansprüchen dieser Tiere gerecht zu werden, sollen in diesem Buch praktische Tipps und Anregungen gegeben werden. *Testudo marginata* ist ein attraktiver und bei Einhaltung der Haltungsansprüche dankbarer Pflegling, der seinem Pfleger sehr viel Freude bereitet.

Mario Herz
Berlin, im Frühjahr 2007

Beschreibung

IM Jahre 1792 wurde diese Schildkröte von dem deutschen Wissenschaftler Johann David SCHOEPFF in seiner „Historia Testudinum iconibus illustrata“ beschrieben.

Die Breitrandschildkröte ist eine mittelgroße Landschildkröte, die im Terrarium eine Panzerlänge von 43,5 cm erreichen (OBST mündl. Mittlg. 2005; eig. Daten) und bis zu 8,3 kg schwer werden kann (RUTTENSTORFER & ARTNER 1997; HILLER 2003). Die 43,5 cm Carapaxlänge erreichte ein Weibchen, das im Zweiten Weltkrieg 1941 per Feldpostbrief von einem auf dem Peleponnes stationierten Soldaten nach Deutschland gesandt wurde. Es hatte damals eine Panzerlänge von 20 cm und wuchs bis zum Jahr 2005 auf 43,5 cm heran. Es starb nach 64 Jahren in menschlicher Obhut.

Männchen werden im Gegensatz zu den anderen Vertretern der Europäischen Landschildkröten (Gattung *Testudo*) größer als

Plastronansicht eines Männchens (rechts) und eines Weibchens der Breitrandschildkröte. Durch die dunklen dreieckigen Flecken auf dem Plastron kann man die Art eindeutig von anderen europäischen Landschildkröten unterscheiden. Foto: M. Herz

Weibchen. Die Männchen haben im Vergleich mit den Weibchen einen längeren Schwanz, der keinen Hornnagel besitzt. Bei männlichen Tieren ist der Bauchpanzer deutlich konkav. In der Paarungszeit verströmen die Männchen einen unangenehmen, strengen Geruch. Zwischen dem Schwanz und den Hinterbeinen können sich schwach ausgeprägte Höckerschuppen befinden. Am Kopf befinden sich bei Jungtieren helle Wangenflecken. Der Panzer ist hoch und lang gestreckt mit einer seitlichen Einschnürung in der Mitte und abgeflachten, nach außen hervorragenden Randschilden. Diese können gezackt sein. Der Schwanzschild ist immer ungeteilt. Der Hinterlappen des Plastrons (Bauchpanzer) ist bei älteren Tieren schwach beweglich. An den Vorderfüßen befinden sich je fünf Krallen und an den Hinterfüßen je vier Krallen. Überwiegend ist die Farbe des Rückenpanzers (Carapax) schwarz, er kann mit hellen Flecken an den Rippen- und Wirbelschilden versehen sein. Jungtiere sind heller, kontrastreicher und lebhafter gefärbt. Sie haben helle gelbe Weichteile. Im Laufe des Wachstums wird der Carapax zunehmend dunkler. Alte Tiere sind gänzlich schwarz gefärbt, hier liegt ein so genannter Altersmelanismus vor. Über einen Albino der Breitrandschildkröte in freier Natur berichtete PHILIPPEN (2005). In Gefangenschaft traten bei einem Züchter in Italien Weißlinge auf. Diese haben statt roten Augen schwarzfarbige Augen.

Der hornfarbene Bauchpanzer ist mit dunklen dreieckigen Flecken versehen. Dadurch unterscheidet sich diese Art unverkennbar von den anderen *Testudo*-Arten.

WUSSTEN SIE SCHON?

Unter Melanismus versteht man eine an sich artuntypische Dunkelfärbung durch vermehrte Anlagerung des schwarzen Hautfarbstoffes Melanin. Er kann als spontane Zeichnungsanomalität auftreten. Bei einigen Arten hat sich diese Dunkel- bis Schwarzfärbung als Überlebensvorteil erwiesen, mit dem Resultat, dass ganze Populationen melanistisch wurden. Bei den Breitrandschildkröten spricht man von einem Altersmelanismus. Im Laufe des Wachstums ändert sich die Färbung von kontrastreich zu kontrastarm. Das Tier wird dunkel, und im Alter kann es gänzlich schwarz sein.

Verbreitung, Lebensraum und Verhalten

BREITrandschildkröten kommen in Griechenland hauptsächlich südlich des Olymps vor. Als nördlichsten Fundort für *Testudo marginata* in Griechenland geben LOUMBOURDIS & KATTOULAS (1983) den Berg Vermion in der Provinz Mazedonien an.

Auch auf einigen Ägäischen Inseln, in Nordost-Sardinien, der Toskana und in Süd-Albanien ist die Art beheimatet. Dort ist sie ein Bewohner der Phrygana, die sich an Berghängen erstreckt. Diese Biotope sind meist felsenzerklüftete Gebiete und mit dichter, dorniger Vegetation bewachsen. Die Breitrandschildkröte kommt normalerweise in Höhenlagen bis 600 m über dem Meeresspiegel vor. Am Taigetosgebirge habe ich sie aber auch in 1.200 m Höhe beobachtet. Aber auch typische Macchie-Gebiete mit immergrünen Hartlaubgewächsen werden von Breitrandschildkröten besiedelt, bevorzugt an Berghängen.

Natürlicher Lebensraum auf Sardinien Foto: M. Herz

Breitrandschildkröten halten sich gerne auf besonnten und mit Felsen sowie Steinen durchsetzten Hängen mit Sträuchern und Kräutern auf. Sie kommen auch an den Rändern von Feldern und in und an Olivenhainen vor. Durch ihre dunkle Färbung kann diese Landschildkröte in ihrem natürlichen Verbreitungsgebiet auch schwache Sonnenstrahlen absorbieren, um so auf die benötige Körpertemperatur zu kommen. In den Monaten Juni bis September beträgt die Sonnenscheindauer im Verbreitungsgebiet durchschnittlich elf Stunden pro Tag (zum Vergleich: In Deutschland beträgt die Sonnenscheindauer in diesem Zeitraum durchschnittlich sieben Stunden). Die Aktivitätszeit ist von Ende März bis Anfang November, die Winterruhe kann bei gelegentlich höheren Temperaturen unterbrochen werden. Am Ende dieser Ruhephase erwacht gleichzeitig auch die Natur, und es grünt und blüht im Biotop. Jetzt finden die Schildkröten ein reichliches Nahrungsangebot in Form von verschiedenen Kräutern und anderen Pflanzen. Eine Sommerruhe findet nicht statt, aber die Tiere vermindern bei großer Hitze ihre Aktivität und ziehen sich meist in den Schatten unter Büsche oder in Höhlen zurück. Dort kann es bis zu sechs Grad kühler sein als in der von der Sonne beschienenen Umgebung. Die Aktivitätszeit verlagert sich von den späten Vormittagsstunden im Frühjahr in die frühen Morgenstunden im Sommer. Zusätzlich sind die Breitrandschildkröten noch einmal im Frühjahr am frühen Nachmittag und in den wärmeren Monaten am späten Nachmittag oder gar am frühen Abend aktiv.

Auf der Insel Sardinien beobachtete ich an drei Tagen Anfang September Breitrandschildkröten in der Zeit von 8.30–12.00 Uhr und am Nachmittag von 15.40–16.40 Uhr. Zu meiner großen Freude konnte ich dabei auch einen Schlüpfling finden, der noch die Eischale auf dem Rücken trug. Er dürfte gerade erst aus der Erde gekrochen sein. Außerhalb der Aktivitätszeit waren die Schildkröten

WUSSTEN SIE SCHON?
Wie bei allen Reptilien ist auch bei den Schildkröten die Körpertemperatur von der Umgebungstemperatur abhängig. Sie sind wechselwarm (poikilotherm). Die nötige Wärme für ihre „Betriebstemperatur" beziehen sie von der Sonne bzw. der Umgebungstemperatur. So löst das Absinken der Umgebungstemperatur und die kürzere Sonnenscheindauer bzw. Tageslänge im Herbst die Einstellung auf den Winter aus. Das Klima im Verbreitungsgebiet bestimmt den Jahresrhythmus.

nur eingegraben im Bodengrund unter Sträuchern oder im dichten Strauchwerk versteckt aufzufinden. Im Monat Mai konnte ich im Süden von Griechenland an einem warmen Tag um 19.00 Uhr eine Breitrandschildkröte im Biotop finden. Dieses Tier wurde in seinem Versteck unter einem Gebüsch aufgespürt. Die meisten Tiere wurden zu dieser Jahreszeit um die Mittagszeit entdeckt. Nach 18.00 Uhr sind im Biotop nur sehr schwer Schildkröten zu finden. Sie haben sich dann bereits in ihren Unterschlupf zurückgezogen (HERZ 1994). Die Nacht und die kalte oder auch sehr warme Jahreszeit verbringen die Tiere eingegraben unter Büschen, in Höhlen oder unter Steinen.

Breitrandschildkröten sind ortstreu. So kann man Tiere, die man einmal in freier Natur beobachtet hat, auch Tage oder gar Jahre später am selben Fundort wiederfinden. Die Breitrandschildkröte kommt in Nord-Griechenland und auf dem Peloponnes sympatrisch (im selben Biotop vorkommend) mit der Griechischen Landschildkröte (*Testudo hermanni boettgeri*) vor. Mit der Maurischen Landschildkröte (*Testudo graeca*) teilt sich die Breitrandschildkröte in freier Natur aufgrund der unterschiedlichen Verbreitung niemals das Biotop. Eine Ausnahme entdeckte ich 1992 in einem Habitat der Breitrandschildkröte im Süden von Griechenland (HERZ 1994). Dort lief in einer Population von *Testudo marginata* ein Männchen von *Testudo graeca ibera* umher. Wahrscheinlich handelte es sich hier um ein ausgesetztes oder aber um ein als Haustier gehaltenes und entwichenes Exemplar.

Verwandtschaft

SCHILDkröten werden in zwei Ordnungsgruppen gegliedert: die Cryptodira (Halsberger) und die Pleurodira (Halswender). Alle Landschildkröten gehören zu den Halsbergern, das heißt, sie können ihren Kopf vollständig in den Panzer einziehen.

Aufgrund morphologischer Unterschiede von sardischen zu griechischen Tieren beschrieb MAYER (1992) die Breitrandschildkröten Sardiniens als Unterart *Testudo marginata sarda.* 1994 wurde durch TRUTNAU *Testudo marginata weissingeri* als eine weitere Unterart der Breitrandschildkröte beschrieben, die vor allem durch ihre geringe Größe auffällt. Durch BOUR (1995) wurde *Testudo weissingeri* in den Artstatus erhoben. Die Einordnung ist bis heute stark umstritten. Das Verbreitungsgebiet der „*weissingeri-Tiere*" liegt im Westen der Mani-Halbinsel und auf dem Peleponnes zwischen Kalamta und Neo Itilo. KEYMAR & WEISSINGER machten 1987 erstmals auf diese Zwergform der *Testudo marginata* aufmerksam. Die Tiere sollen nicht größer als 25 cm werden. Diese kleinwüchsige Form soll sich durch die extremen Lebensbedingungen, die sich durch ein mangelhaftes, karges Nahrungsangebot und heißeres und trockeneres Klima auszeichnen, herausgebildet haben. Die Tiere weisen einen eher grauen statt schwarzen Rückenpanzer mit weniger kontrastreicher Zeichnung auf als die „eigentlichen" Breitrandschildkröten. „*Weissingeri*-Tiere" legen weniger Eier als Breitrandschildkröten im nördlicheren Verbreitungsgebiet, und die Männchen haben einen steiler abfallenden Panzerrand.

WUSSTEN SIE SCHON?

Die Systematik und Taxonomie der Europäischen Landschildkröten ist derzeit Gegenstand intensiver wissenschaftlicher Forschung und teils sehr kontroverser Diskussion. Es gibt drei „eigentliche" Europäische Landschildkrötenarten: Breitrandschildkröte, Griechische (*T. hermanni*) und Maurische Landschildkröte (*T. graeca*). Des Weiteren gehören noch die Ägyptische Landschildkröte (*Testudo kleinmanni*) und die Steppenschildkröte (*Agrionemys* bzw. *Testudo horsfieldii*) zur näheren Verwandtschaft. Bei *T. graeca* und *T. hermanni* werden Erhebungen von Unterarten in Artstatus diskutiert, ebenso die Ausgliederung in eigenständige Gattungen oder die Errichtung ganz neuer Arten und Unterarten (s. VETTER 2006). Bis die Verwandtschaftsverhältnisse innerhalb der Europäischen Landschildkröten zufriedenstellend aufgeklärt sein werden, wird wohl noch einige Zeit vergehen.

Die Maurische Landschildkröte (*Testudo graeca*) bewohnt in zahlreichen Unterarten Südeuropa. Ihr Vorkommen reicht von Bulgarien, Albanien, Griechenland, der Türkei, Zypern, Spanien, Mallorca und Sardinien bis nach Tunesien, Marokko, Algerien, Syrien, Israel, in den Libanon und den Iran. Sie ist in den Terrarien kein seltener Pflegling und wurde häufig importiert. Die nördliche Form (*T. g. ibera*) ist gut haltbar, die Exemplare aus Nordafrika sind hingegen heikle Terrarientiere.

Die Griechische Landschildkröte (*Testudo hermanni*) bewohnt in derzeit zwei anerkannten Unterarten (FRITZ et.al. 2006) bzw. Lokalformen (die z. T. als eigene Arten aufgefasst werden) Griechenland, Bulgarien, die West-Türkei, Albanien, Kroatien, Mazedonien, Serbien und Montenegro, Italien, Sardinien, Sizilien, Südfrankreich, Spanien und die Balearen. Sie ist der „Klassiker" unter den Landschildkröten und sehr gut in menschlicher Obhut zu halten.

Über den Artstatus wird, wie gesagt, in der Fachwelt viel diskutiert. Auch von vielen anderen Tierarten ist bekannt, dass diese eine geringere Körpergröße aufweisen, wenn die Umwelt nur limitierte Ressourcen bietet. Neuere Ergebnisse von DNA-Untersuchungen der verschiedenen Breitrandschildkröten aus allen Verbreitungsgebieten lassen darauf schließen, dass die Abtrennung als Unterart bzw. eigene Art nicht gerechtfertigt ist (FRITZ et al. 2005). In jedem Fall aber gibt es morphologische Unterschiede zwischen Tieren aus unterschiedlichen Vorkommensgebieten.

Als Vertreter der Halsberger kann die Breitrandschildkröte ihren Kopf vollständig in den Panzer einziehen. Foto: M. Herz

Voraussetzungen der Schildkrötenhaltung

WENN Sie eine Landschildkröte in Ihre Obhut übernehmen möchten, ist ein Studium der Fachliteratur unerlässlich. Dadurch erlangen Sie grundlegende Kenntnisse über die Biologie und Pflege dieser Reptilien.

Schildkröten können sehr alt werden, und die Bereitschaft

Vor dem Kauf ist sicherzustellen, dass eine artgerechte Unterbringung und Pflege gewährleistet sind. Hier ein Tier beim morgendlichen Sonnenbad. Foto: M. Herz

Breitrandschildkröte im natürlichen Habitat. Im Frühjahr stehen die Tiere regelrecht im Futter. Dies ist in der Haltung nachzuvollziehen. Foto: M. Herz

zur langjährigen Pflege muss kritisch hinterfragt werden. So sind z. B. im Zweiten Weltkrieg von den in Griechenland stationierten Soldaten Breitrandschildkröten per Feldpostbrief in die Heimat gesandt worden. Von diesen Tiere sind heute, nach mehr als 60 Jahren, noch Exemplare am Leben (Ruttensstorfer & Artner 1997; Hiller 2003; Obst mündl. Mittlg.). Ich selbst pflege eine weibliche Maurische Landschildkröte, die als erwachsenes Tier 1966 aus Rumänien nach Deutschland gebracht wurde.

Sie müssen bedenken, dass auch Nachzuchten von Schildkröten Wildtiere bleiben und der zukünftige Halter den Ansprüchen der Tiere gerecht werden muss.

Die Pflege der Tiere in Ihrer Abwesenheit muss gesichert sein. Eltern von Schildkröten pflegenden Kindern müssen bereit sein, die Pfleglinge zu versorgen, falls der Nachwuchs die Zuverlässigkeit oder das Interesse auf Dauer vermissen lässt.

Der Erwerb der Schildkröte ist der geringste Kostenfaktor. Weitere Kosten für Terrarien, Baumaterial, Technik und für den laufenden Unterhalt wie Futter, Strom und Tierarztkosten kommen auf den zukünftigen Halter zu. Die Pflege der Tiere nimmt Zeit und Mühe in Anspruch.

Wenn Sie diesen Aufwand nicht scheuen, können Sie viele Jahre Freude an Ihren Tieren haben und begeisterter Schildkrötenhalter werden.

Gesetzliche Bestimmungen

HEUTE sind alle Landschildkrötenarten streng geschützt und unterliegen dem Washingtoner Artenschutzabkommen von 1973. Die Breitrandschildkröte ist zusätzlich durch die EU-Artenschutzverordnung und Bundesartenschutzverordnung geschützt. Sie genießt die Schutzkategorie B der Verordnung (EG) Nr.338/97 und ist im CITES-Abkommen unter Anhang II, im EU-Anhang unter A geführt, der höchsten Schutzkategorie. Durch den Erwerb und die Haltung einer solchen Art unterliegt der Halter der Melde- und Nachweispflicht. Der legale Erwerb und der rechtmäßige Besitz der Tiere muss gegenüber der zuständigen Behörde nachgewiesen werden.

WUSSTEN SIE SCHON?
Für die in Anhang A des Washingtoner Artenschutzabkommens aufgeführten Tierarten sieht die Bundesartenschutzverordnung eine Kennzeichnungspflicht vor. Diese erfolgt ab einem bestimmten Gewicht des Tieres mittels eines Transponders. Dazu ist jedoch ein körperlicher Eingriff vorzunehmen. Um einen solchen Eingriff zu umgehen und der Kennzeichnungspflicht dennoch gerecht zu werden, wurde die Fotodokumentation zur Kennzeichnung einzelner Reptilienarten, darunter auch Schildkröten, eingeführt.

Ein Erwerb von Schildkröten ohne erforderliche Bescheinigungen muss auf jeden Fall unterbleiben! Das bedeutet, dass der Halter nach dem Erwerb der Schildkröte von dem Verkäufer die EU-Bescheinigung (das so genannte „gelbe Formular“) ausgehändigt bekommt. Folgende Angaben sind auf der EU-Bescheinigung aufgeführt:

- Name des Verkäufers/Züchters
- Nummer der Bescheinigung
- Ausstellende Behörde
- Beschreibung des Exemplars
- Menge, CITES- und EU-Anhang
- Herkunft und Ursprungsland
- Wissenschaftliche Bezeichnung und üblicher Handelsname
- Besondere Bedingungen (Fotodokumentation) und Datum sowie Unterschrift und Stempel der ausstellenden Behörde

Zur Identifizierung der Tiere des Anhang A der VO (EG) 338/97 wird die Fotodokumentation durchgeführt. Das bedeutet, dass die EU-Bescheinigung mit einem Fotoblatt zur sicheren Identitätsprüfung verbunden ist. Die auf diesem Foto abgebildete Schildkröte muss mit dem erworbenen Exemplar übereinstimmen.

Junges Weibchen der Breitrandschildkröte im Biotop auf Sardinien Foto: M. Herz

Erwerb

ALS streng geschützte und seltene Schildkröten kommen Breitrandschildkröten als Wildfangtiere nicht mehr in den Zoohandel. Gelegentlich werden zwar über Inserate in den Fachperiodika oder im Internet adulte Exemplare angeboten, doch haben diese einen hohen Preis und sind nur sehr schwer einzugewöhnen. Dafür braucht man viel Erfahrung. Besser ist es, klein anzufangen und Jungtiere aufzuziehen. Das ist sogleich der Einstieg in ein spannendes Kapitel der Schildkrötenhaltung und immer die bessere Wahl. Der Erwerb einer Breitrandschildkröte erfolgt am besten bei einem Züchter. Dort wird man fachlich beraten und erhält viele wertvolle Tipps. Es können auch die Elterntiere angesehen werden, und man erhält einen Eindruck davon, wie groß erwachsene Tiere tatsächlich werden. Vor allem kann man dort die Haltungsbedingungen studieren.

DER PRAXISTIPP
Es ist immer besser, mehrere Tiere (mindestens zwei) zu erwerben und aufzuziehen. Durch Futterneid fressen sie besser und sind aktiver, die Aufzucht gestaltet sich dadurch leichter. Darüber hinaus lassen sich interessante Beobachtungen und Vergleiche machen, wie sich einzelne Tiere zueinander verhalten.

Adressen von Züchtern erhält man in den einschlägigen Fachzeitschriften wie z. B. dem Anzeigenjournal der DGHT (Deutsche Gesellschaft für Herpetologie und Terrarienkunde) in der Schildkröten-Fachzeitschrift MARGINATA oder in RepTV, die den Magazinen REPTILIA und TERRARIA beiliegt (siehe „Weitere Informationen"). In vielen Orten

gibt es Aquarien- und Terrarienvereine sowie Stadtgruppen der DGHT, wo man auch Adressen von Züchtern erfragen kann. Mitunter erhält man auch Nachzuchten der Breitrandschildkröte in Zoofachgeschäften. Nehmen Sie sich die Zeit, Ihre zukünftigen Pfleglinge sorgsam auszuwählen. Grundsätzlich sollten die angebotenen Schildkröten genau beobachtet werden. Sie sollten lebhaft sein, der Panzer fest und unbeschädigt. Die Augen müssen klar und dürfen nicht eingefallen sein, die Nase darf keinen Ausfluss aufweisen oder verklebt sein. Die Schildkröte sollte geräuschlos atmen, und sie sollte frei von Verletzungen sein. Die Tiere müssen den Panzer hoch und waagerecht sowie während der Fortbewegung über dem Boden tragen und einen gut genährten Eindruck machen.

Männchen der Zwergform der Breitrandschildkröte Foto: M. Herz

Transport und Quarantäne

BEIM Transport sind die Schildkröten vorsichtig zu behandeln. Damit sie keinen Temperaturschwankungen unterworfen sind, verwendet

Geeignete Behälter für den Transport Foto: M. Herz

man zum Transport Kühlboxen (ohne Kühlakkus) oder Styroporkisten. Um Ausscheidungen zu binden, werden in diese Behälter Küchentücher oder anderes saugfähiges Material gelegt. Zum Schutz vor Stößen und Schlägen ist der Behälter entsprechend auszupolstern. Während des Transportes sollen die Behälter nicht der direkten Sonne oder Kälte ausgesetzt sein. Jungtiere können auch in kleinen Boxen, wie Tupperdosen oder ausgewaschenen Margarinebehältern, die zuvor mit Luftlöchern versehen wurden, verbracht werden. Diese stellt man dann in die Thermokühl- oder Styroporkisten. Bei strenger Kälte ist eine Wärmflasche in den Transportbehältern zu legen; dabei ist aber zu beachten, dass diese nicht so heiß befüllt wird, dass die Tiere sich verbrennen oder die Box überhitzen könnte. Neu erworbene Tiere sollten auf keinen Fall zu einem bereits vorhandenen Bestand gesetzt werden. Sie werden stattdessen in ein Quarantäneterrarium verbracht. So wird der Altbestand davor geschützt, dass Krankheiten eingeschleppt werden, und die neu erworbenen Tiere können gründlich auf mögliche Erkrankungen untersucht und ggf. behandelt werden. Dieses Terrarium stellt dieselben Anforderungen an Technik und an Teile der Einrichtung (Versteckmöglichkeit) wie ein Terrarium, das nicht der Quarantäne dient, und sollte vorzugsweise aus Glas bestehen. Es ist darauf zu achten, dass das Terrarium und die Einrichtungsgegenstän-

DER PRAXISTIPP

Quarantäneterrarien sollen deshalb aus Glas bestehen, weil sich dieses Material hervorragend desinfizieren, sprich gründlich reinigen lässt. Alle anderen Gegenstände in diesem Terrarium sollten ebenfalls leicht zu reinigen sein. Da das Terrarium mindestens einmal am Tag gereinigt werden muss, erspart man sich so Zeit und Arbeit.

de leicht zu reinigen sind. Der vom Tier abgegebene Kot ist von einem reptilienkundigen Tierarzt auf Parasiten zu untersuchen. Kot und Futterreste sind täglich zu entfernen, ggf. ist der Bodengrund täglich zu wechseln. Erst wenn die Schildkröten sicher parasitenfrei sind und auch sonst keine Auffälligkeiten zeigen, kann die Quarantäne beendet werden. Sie sollte jedoch ausreichend lange erfolgen: Nach meiner Meinung mindestens zwei Monate, besser jedoch ein Jahr. Ein Verbringen der Tiere in das Freilandterrarium während der Quarantäne hat zu unterbleiben. Das Gehege lässt sich nicht reinigen, und bei eventuell anfallenden Krankheiten der Neuankömmlinge kann es nicht abschließend desinfiziert werden.

DER PRAXISTIPP

Nach dem Hantieren mit den Schildkröten sind die Hände gründlich zu waschen. Schildkröten können Dauerausscheider von z. B. Salmonellen sein, ohne selbst daran zu erkranken. Außerdem können durch sie Amöben auf Echsen oder Schlangen übertragen werden, wenn man auch solche Reptilien hält.

Vom Züchter wird man in der Regel Jungtiere (hier der Zwergform) erwerben, die man selbst aufzieht. Foto: M. Herz

Vergesellschaftung

VERschiedene Landschildkrötenarten sollten außer zur Aufzucht nicht miteinander vergesellschaftet werden.

Um Kreuzungen zwischen verschiedenen Schildkrötenarten zu vermeiden, ist es besser, die Tiere artrein zu halten. Es wurde bereits über Bastardisierung von Breitrandschildkröten mit Maurischen und Griechischen Landschildkröten berichtet (HEIMANN 1987; VINKE & VINKE 2004; VETTER 2006). Hinzu kommt, dass die Befruchtungsrate zunimmt, wenn zuvor mit anderen Arten vergesellschaftete Schildkröten dann doch artrein gehalten werden. Eine Gruppe einer Landschildkrötenart zu pflegen, hat der Einzelhaltung gegenüber den Vorteil, dass bestimmte Verhaltensmuster studiert werden können. Die Tiere können ihren Sexualtrieb ausleben, und man kann Paarung, Eiablage, sowie Territorial- und Sozialverhalten studieren. In der Gruppe müssen die Weibchen in der Mehrzahl sein. Zu viele Männchen in einer Gruppe erhöhen den Druck auf die Weibchen und somit den Stressfaktor, was zu Krankheiten führen kann. Die ideale Gruppe besteht aus zwei Männchen und drei bis vier Weibchen, sofern das Terrarium über die erforderliche Größe von mindestens 20 m^2 verfügt und entsprechend strukturiert ist.

Für die Aufzucht können Breitrandschildkröten auch mit Griechischen Landschildkröten vergesellschaftet werden (wie hier im Aufzuchtterrarium in einem Gewächshaus).
Foto: M. Herz

Zuchtpaar beim Verzehren von Löwenzahn Foto: M. Herz

Das Terrarium

DAS Terrarium soll einen Ausschnitt aus der Natur wiedergeben, und diese soll uns Vorbild bei der Gestaltung und Einrichtung sein. Das Terrarium muss allen natürlichen Ansprüchen der Schildkröten entsprechen. Nach Möglichkeit sollte es über einen Hügel verfügen, oder aber zumindest leicht ansteigendes Gelände aufweisen. Breitrandschildkröten bewohnen in der Natur bergiges Gelände.

Testudo marginata ist nur während der Aufzuchtphase im Zimmerterrarium zu halten, sofern eine Pflege der Tiere aufgrund der Witterungsbedingungen im Freilandgehege nicht möglich ist. Für eine dauerhafte und artgerechte Unterbringung lässt sich die Breitrandschildkröte ausschließlich im Freilandterrarium pflegen. Dieses sollte über ein solides Schutzhaus (bis zu 5 Tiere ca.1 m^2, bis zu 12 Tiere ca. 2 m^2) verfügen, das mit Laub oder

Blick in eine gut eingerichtete Freilandanlage zur Pflege von Breitrandschildkröten
Foto: M. Herz

Stroh gefüllt ist und dessen Höhe so bemessen sein soll, dass sich die Tiere panzerhoch darin eingraben können. Für diese sonnenhungrige Art ist ein in die Freianlage integriertes Frühbeethäuschen oder gar ein angeschlossenes Gewächshaus unerlässlich. Um Überhitzung zu vermeiden, ist in einem solchen Gewächshaus oder Frühbeethaus der Einbau eines thermostatgesteuerten Fensteröffners zu empfehlen. Wegen der Stressempfindlichkeit der Schildkröten sollten die Tiere möglichst nicht hin und her transportiert werden. Einmal in das Freilandterrarium gesetzt, sollten sie dort verbleiben, bis die bevorstehende Winterruhe uns zwingt, die Tiere aus dem Freilandterrarium zu nehmen. Von großem Vorteil ist es, wenn das Schutz- oder Gewächshaus an kälteren Tagen beheizbar ist. Dies kann in einem Gewächshaus mit einem 250- bis 300-Watt-, in einem Frühbeethaus mit einem 60- bis 150-Watt-Strahler erfolgen (wegen der Brandgefahr Abstand zum Substrat beachten, im Zentrum des Strahlers soll eine Temperatur von mindestens 45–50 °C erreicht werden). Durch einen Temperaturregler kann der Strahler zugeschaltet werden. Eine solche Ausstattung der Anlage erhöht die Vitalität der Tiere, sie können besser fressen, verdauen und haben ein besseres Allgemeinbefinden. Während der Legeperiode kann so verhindert werden, dass Eier übertragen werden, also wegen z. B. mangelnder Wärme über den eigentlichen Eiablagezeitpunkt im Körper zurückgehalten werden, was sonst zur so genannten Legenot führen würde.

WUSSTEN SIE SCHON?

Wenn ablagereife Eier durch Umstände, die sehr unterschiedlich sein können, zu lange im Eileiter verbleiben, spricht man von einer Legenot. Es gibt drei Formen von Legenot: die psychogene, die pathologische und die pathologisch-anatomische Form. Ursachen für die psychogene Legenot können sein: Überbesatz im Terrarium, Ortswechsel, Mangel an geeigneten Ablageplätzen oder ein plötzlicher Kälteeinbruch.

Glasvorbau vor dem tiefgaragenähnlichen Unterschlupf. Er dient zur Verbesserung des Klimas, insbesondere in den Übergangsjahreszeitenn. Die Tiere werden so schneller aktiv. Foto: M. Herz

Freilandterrarium

BEIM Bau des Freilandterrariums sind die Mindestanforderungen an die Haltung von Reptilien des BUNDESMINISTERIUMS FÜR ERNÄHRUNG, LANDWIRTSCHAFT UND FORSTEN (1997) zu berücksichtigen. Das Gehege soll generell so groß wie möglich bemessen sein. Je größer es ist, desto natürlicher

Gut strukturierte Freilandanlage mit integriertem Gewächshaus Foto: M. Herz

kann es gestaltet werden und desto besser können die Schildkröten ihr natürliches Verhalten ausleben. Die Gestaltung des Freilandterrariums soll sich nach den natürlichen Gegebenheiten im Heimatbiotop der Tiere richten, die Natur sollte hier Vorbild sein.

Ein Ausweichgehege zur zeitweiligen Trennung der Geschlechter oder dem Separieren von kranken oder dominanten Tieren ist mit einzuplanen. Breitrandschildkröten sind wahre Wanderer. Daher ist m. E. für eine Gruppe von sieben Tieren eine Größe von mindestens 20–25 m^2 notwendig. Für eine Anzahl von 2–3 Tieren genügt eine Größe von 6–10 m^2. Wer das Terrarium groß genug wählt, kann darin entsprechende Futterpflanzen anbauen, die Tiere sind dann zumindest teilweise Selbstversorger, und es ergibt sich eine seminatürliche Haltung. Das Gehege sollte den sonnigsten Platz im Garten einnehmen. Die Anlage sollte also nach Süden oder Südosten ausgerichtet sein. Eine solide Einfriedung ist wichtig, denn die Schildkröten können überraschend gut klettern. Deren Höhe sollte für Breitrandschildkröten mindestens 50 cm betragen. In jedem Fall muss die Einfriedung undurchsichtig sein (also z. B. keine Glasscheiben oder Maschendrahtzaun), da ansonsten ein ständiges Umherwandern am Rand der Begrenzung erfolgt und die Tiere nicht ihr natürliches Verhalten zeigen. Rechte

Winkel sind dabei zu vermeiden, besser ist es, die Ecken rund zu gestalten. Ob die Begrenzung aus Holz, Stein, Aluminiumblech oder anderem Material besteht, bleibt dem Geschmack und Geldbeutel überlassen. Das Freilandgehege ist gut zu strukturieren. Wurzeln, ausgehöhlte Baumstämme, Steine und Altholz können geschmackvoll eingebracht werden. Hier muss die mediterrane Landschaft im Lebensraum der Schildkröten Vorbild sein. Der eingebrachte Boden muss wasserdurchlässig sein, damit das Gehege nach einem Regenguss schnellstmöglich abtrocknet. Bei sehr schwerem Lehmboden ist dieser abzutragen, mit Drainage zu versehen und mit sandigem Boden oder Kies feinster Körnung aufzufüllen. Die Schildkröten benötigen außerdem freie Flächen, die völlig trocken sind, um sich aufzuwärmen. An heißen Tagen ist ein Schattenplatz wichtig. Dieser kann durch Einbringen von kriechendem Wachholder, Ginster, Weinreben, Brombeerhecken, Roseneibisch (deren Blüten und Blätter gerne von den Schildkröten gefressen werden), Zuckerhutfichte oder Krüppelkiefern ermöglicht werden. Aber auch Staudenpflanzen können den Part des Schattengebers übernehmen. Hier kann auf Lavendel, Rosmarin, Thymian, Salbei und Yucca zurückgegriffen werden. Giftige Pflanzen wie beispielsweise Eibe, Rhododendron oder Oleander sollten nicht eingebracht werden.

Saisonal können auch Agaven oder Opuntien in das Gehege im Kübel eingebracht oder auch eingepflanzt werden. Gelegentlich werden diese jedoch auch gefressen. Die übrige Fläche ist mit verschiedenen Futterkräutern einzu-

säen. Hier verwenden wir z. B. Löwenzahn, diverse Wegericharten, Lupine, Rotklee, Weißklee, Perserklee, Luzerne oder auch Fette Henne, Mauerpfeffer und Wilde Malve.

In jedem Fall ist ein Eiablageplatz von 1 m^2, der ganztägig besonnt sein muss, einzuplanen. Dieser ist leicht erhöht, ca. 30 cm hoch, und in südöstlicher bis südwestlicher Ausrichtung sanft abfallend anzulegen. Der Hügel ist mit Steinen einzufassen. Da sich diese leichter erwärmen und die Wärme speichern, fördern sie das Mikroklima im Gehege. Als Material für den Hügel verwenden wir Mutterboden oder ungedüngten Rindenkompost, mit Sand oder Kies feinster Körnung vermischt. Er darf nicht nass, sondern im Legezeitraum nur leicht feucht sein. Das Substrat muss kompakt und grabfähig sein und darf beim Legevorgang nicht nachrutschen. Eine Wasserschale vervollständigt die Einrichtung. Hierzu kann man Geflügeltränken wählen, so verschmutzt die Wasserstelle nicht so schnell und bleibt hygienischer.

Breitrandschildkröten vor dem Eingang des gemauerten Schutzhauses Foto: M. Herz

Zimmerterrarium

DAS Zimmerterrarium hat bei der Pflege von Breitrandschildkröten bei der Quarantäne und bei der Aufzucht von Jungtieren Bedeutung. Bei der Aufzucht können handelsübliche Terrarien mit den Maßen 100 x 50 x 50 cm oder Plastikboxen mit den Maßen 70 x 45 x 30 cm (Länge x Breite x Höhe) Verwendung finden. Die Größe reicht für bis zu fünf Jungtiere aus. Sie können darin zwei Jahre lang gepflegt werden, sofern ein Aufenthalt im Freilandterrarium nicht möglich ist. Im Terrarium sind verschiedene Temperaturbereiche zu schaffen. Breitrandschildkröten sollen zwischen 20 und 45 °C am Tag wählen können. Die notwendige Wärme wird mit einer Spotlampe

Porträt
Foto: B. Trapp

Freilandanlage mit integriertem Glashaus; eine solche Lösung ist ideal zur Überbrückung kalter Tage. Foto: M. Herz

erreicht. Im Zoohandel gibt es eine große Auswahl an Lampen. Dunkelstrahler sollten keine Verwendung finden, da Schildkröten Wärme nur mit Helligkeit in Verbindung bringen. Für die zu erreichende Helligkeit im Terrarium können gebräuchliche Leuchtstoffröhren oder HQI-Lampen verwendet werden. Mittlerweile gibt es auch Leuchtstoffröhren mit UV-Anteilen, welche wegen der Wirksamkeit nur in einer Höhe von 10–20 cm über dem Boden angebracht werden sollen.

Technik

DIE Technik in der Terraristik wird immer besser und ausgereifter. Der Zoohandel bietet hier jede Menge an und hat sich auf die Bedürfnisse der Terrarianer eingestellt. Leuchtmittel für Helligkeit, Wärme und UV-Abgabe sind wichtig. Schildkröten brauchen es hell und warm. Ohne Leuchtmittel kann ein entsprechender Tages- und Jahresrhythmus im Zimmerterrarium nicht eingehalten werden. Helles Licht stimuliert und erhöht die Aktivität der Tiere. Vernebler oder Ultraschall-Befeuchter zur Aufzucht von Europäischen Landschildkröten finden erst seit jüngster Zeit Verwendung. Diese halte ich dann für wichtig, wenn der Pfleger das tägliche Überbrausen des Terrariums mit Wasser nicht gewährleisten kann. Wärmelampen sind notwendig, da die Tiere ihre Vorzugstemperatur von 30–37 °C zur Verdauung und zum Wohlbefinden erreichen müssen. Unter dem Strahler sind Temperaturen von 40–45 °C zu erreichen. Zeitschaltuhren leisten gute Dienste und regeln den Tages- und auch Jahresrhythmus. Für ein Terrarium mit einem Standardmaß von 100 x 50 x 50 cm (Länge x Breite x Höhe) ist eine Wärmelampe mit einer Leistung von 60–100 W und eine Leuchtstoffröhre mit hohem UV-Anteil zu verwenden. Die Temperatur wird auch dadurch beeinflusst, wie hoch der Strahler hängt: Ein tief hängender Strahler bedeutet eine höhere Temperatur am Boden als bei einem höher hängenden Strahler. Im Handel werden Leuchtstoffröhren für Wüstentiere angeboten, die für unsere Zwecke geeignet sind, aber wegen der Wirkungsreichweite nur höchstens 10–20 cm über dem Substrat angebracht werden sollen (z. B. mit UV-A-Anteil von 33 % und UV-B-Anteil von 8 %). UV-Licht ist sehr wichtig für die Schildkröten, wenn sie kein natürliches Sonnenlicht erhalten. HQI-Strahler, so genannte Metallhalogendampflampen, haben Lichtstrahlen mit kräftiger, hoher Lichtausbeute (Lux) und verfügen in geringer Menge über UV-Licht. Sie entfalten ihre Leuchtkraft erst nach einigen Minuten, ermöglichen aber eine intensive und sonnenähnliche Helligkeit. Sie erreichen eine Luxzahl bis 60.000. Ein sonniger Sommertag in unseren Breiten hat einen messbaren Luxwert von 100.000. Mit diesen Lampen erreicht man eine sehr hohe Lichtausbeute im Terrarium. Sie sollten als Tageslicht Spektrum (Daylight) erworben werden. Nach einem Jahr sind die Brenner auszutauschen. Dieser Lampentyp ist mit 70 W, 150 W und 250 W zu erhalten. Er gibt auch Wärme ab. Für bestimmte Behältergrößen genügt dann die Verwendung einer solchen Lampe in der entsprechenden Wattzahl. Wichtig hierbei ist, dass eine Temperatur unter dem Strahler von 45 °C erreicht wird. Zurzeit sind sie für die optimale Haltung von Landschildkröten die beste Wahl, da sich Sonnenstellen damit am besten imitieren lassen. Damit die Landschildkröten ihr notwendiges UV-Licht erhalten, ist der Einsatz einer „Osram-Ultravitalux"-Lampe zu empfehlen. Mit der Bestrahlung der Tiere durch diese Lampe muss behutsam angefangen werden. In einem Abstand von einem Meter sind die Tiere erst fünf und später maximal 20 Minuten zu bestrahlen. Zu langes Bestrahlen kann zu Augenschäden führen (allerdings gibt die Lampe erst nach 10–15 Minuten den vollen UV-Anteil ab). Meist sind genormte Terrarien nur 50–60 cm

Für die Übergangsjahreszeiten ist ein Wärmestrahler im Gewächshaus oder Frühbeet wirkungsvoll und unbedingt zu empfehlen.
Foto: M. Herz

hoch, sodass die „Osram-Ultravitalux"-Lampe nur außerhalb des Terrariums zum Einsatz kommen kann. Die Tiere werden gesondert in einem nach oben offenen Behälter unter die Lampe gestellt. Zugluft ist zu vermeiden. Bodenheizungen haben in Schildkrötenterrarien nichts zu suchen. Sie führen nur zu einem unnatürlichen Wachstum.

Einrichtung des Zimmerterrariums

DER Bodengrund sollte nicht stauben und leicht zu säubern sein. Kokosfasern, ein Erde-Sand-Gemisch, Hanfeinstreu oder Terrarienhumus können Verwendung finden. Rindenmulch kann auch benutzt werden. Er muss mindestens 5–10 cm hoch eingebracht werden, damit sich die Schildkröten panzerhoch eingraben können. Eine Unterschlupfmöglichkeit in Form von halbierten Kokosnussschalen, Korkeichenrinden, Blumentöpfen oder eine aus rutschsicher liegenden Steinen gebaute Höhle müssen eingebracht werden. Diese sind mit lockerem Substrat wie z. B. Heu, Stroh oder Laub zu füllen. Heu ist ständig einzubringen, da es die Tiere fressen und sich darin vergraben. Es genügt bei Jungtieren eine Handvoll davon. Am besten legt man es vor eine Höhle oder in die Nähe von eingebrachten Steinen oder Wurzeln. In angepasster Größe vervollständigen Steine und Wurzeln die Einrichtung. Für Wasser und Futter ist Gefäßen aus Steingut

Ernährung

FÜR die Gesunderhaltung der Breitrandschildkröten ist die richtige Ernährung von großer Bedeutung. Sie hat sich nach den natürlichen Bedürfnissen zu richten. Breitrandschildkröten sind Pflanzenfresser und haben dementsprechend einen typischen Pflanzenfresserdarm. Das heißt, diese Schildkröten können eiweißreiche Nahrung wie Fleisch oder handelsübliches „Alleinfutter“ für

Taubenstein kann im Ganzen oder zerkleinert über das Futter zur Mineralstoffversorgung gereicht werden. Foto: M. Herz

oder Ton der Vorzug vor Plastikbehältnissen zu geben, da sie nicht so leicht von den Schildkröten umgestoßen werden können. Mittlerweile haben sich Vogeltränken ganz gut bewährt, da die Tiere nicht hineinlaufen und dort auch nicht ins Wasser koten können. Es können auch Schieferplatten aus dem Dachdeckerhandwerk Verwendung finden, auf ihnen kann das Futter gereicht werden. Ein Strahler für Wärme und einer für Helligkeit dürfen nicht fehlen. Diese sind immer gemeinsam zu betreiben. Unter den Wärmestrahler können Steine, Stein- oder Schieferplatten gelegt werden. So wird die abgegebene Wärme dort gespeichert und kann von den Tieren zusätzlich genutzt werden.

Das Zimmerterrarium kommt besonders bei der Aufzucht von Jungtieren zum Einsatz.
Foto: M. Herz

Schildkröten nicht vollständig verdauen. Die Nahrung soll reichhaltig und abwechslungsreich sein. Nach Möglichkeit ist nur Grünfutter zu reichen. Obst und Gemüse sollten gar nicht oder nur sehr spärlich verfüttert werden. Kopfsalat aus dem Supermarkt sollte mangels Inhalt an Nährstoffen und wahrscheinlichen Düngerückständen nicht verfüttert werden. Das Futterangebot muss über ein ausgewogenes Kalzium-Phosphor-Verhältnis verfügen und hat sich an dem Angebot in der freien Natur zu orientieren. Dort wechselt die Nahrung von saft- und nähr stoffreichen Pflanzen im Frühjahr zu starker, rohfaserhaltiger Nahrung im Herbst. Das heißt, im Frühjahr (bis zum Juli) werden Wildkräuter wie z. B. alle Kleesorten, Löwenzahn, Luzerne, Spitz- und Breitwegerich, Disteln und Brennnesseln verfüttert. Zur Wasserversorgung nach der Winterruhe kann den Tieren Gurke ge-

reicht werden. Ab Juli ist dem Futter Heu beizumischen, um dem saisonalen Ablauf der Natur Rechnung zu tragen. Temporär können rohe Möhren und ausgetriebener Chicorée gereicht werden. Im Herbst ist den Tieren im Freiland nur

Zur Ergänzung des Kalziumgehaltes des Futters ist Sepiaschulp besonders gut geeignet. Foto: M. Herz

Breitrandschildkröten vor einem Futterberg aus Löwenzahn, der auf Heu gereicht wird. Im Frühjahr sollen die Tiere "im Futter stehen". Foto: M. Herz

Breitrandschildkröten fixieren beim Fressen mit ihren Vorderbeinen das Futter, um besser abbeißen zu können. Foto: M. Herz

noch Heu zu geben. Ihnen ist soviel anzubieten, wie innerhalb einer Stunde aufgefressen wird. Im Frühjahr, wo die Grundlagen für die zu erfolgende Eiablage bei den Weibchen, das Wachstum und die Winterruhe gelegt werden, sollten die Tiere „gut im Futter stehen". Heu ist den Tieren immer mit anzubieten. Für den Kalkbedarf der Schildkröten ist Sepiaschale in den Terrarien auszulegen.

Weitere gute Informationen sind dem Buch „Ernährung von Landschildkröten" von DENNERT (2002) zu entnehmen.

DER PRAXISTIPP?

Bevor Sie den Tieren das Futter reichen, ist es abzuwaschen. Nach dem es abgetrocknet ist, kann es zur Verbesserung des Kalkhaushaltes wöchentlich mit Mineralstoffen oder mit geriebenen Eierschalen überpudert werden. Wildfutter und Kräuter sollten nicht am Wegesrand von stark befahrenen Straßen oder von gedüngten Flächen gesammelt werden, da sie mit Umweltgiften belastet sind. Zur Steigerung der Aktivität ist das Futter nicht immer an denselben Platz zu legen. Die Schildkröten sind so gezwungen, aktiv auf Nahrungssuche zu gehen.

Pflegearbeiten

DIE Pflege der Tiere nimmt je nach Anzahl der Tiere und Terrarientyp eine bestimmte Zeit in Anspruch. Sie ist notwendig, damit wir an unseren Schildkröten lange Freude haben und Krankheiten der Tiere verhindern. Unterschieden werden muss zwischen täglichen Arbeiten und Arbeiten, die ein- bis mehrmals im Jahr zu erfolgen haben.

Zimmerterrarium

Zur täglichen Pflege gehören das Säubern der Futter- und Wassergefäße sowie das Entfernen von Kot. Das Zimmerterrarium ist am Morgen und am Abend zu besprühen, um Morgen- und Abendtau zu simulieren. Dabei überprüfen wir, ob die Beleuchtung und die Gerätschaften intakt sind. Je nach Größe und Tierbesatz ist das Zimmerterrarium

Freilandterrarium mit Freiflächen zum Sonnen und Eiablageplatz sowie schattenspendenden Pflanzen Foto: M. Herz

mehrmals im Jahr gründlich zu reinigen. Der Bodengrund wird komplett gewechselt, alle Gerätschaften mit Seifenlauge abgewaschen. Sofern das Terrarium nur zu den Übergangszeiten genutzt wird, genügt eine Komplettreinigung vor dem Einsetzen nach der Winterruhe und dem Einsetzen nach dem Freilandaufenthalt der Schildkröten. Wöchentlich sind die Scheiben zu reinigen.

Wichtig ist, sich täglich der Beobachtung der Pfleglinge zu widmen. So erkennt man mögliche Anzeichen von Krankheiten oder Aggressionen zwischen einzelnen Tieren. Auch mögliche Eiablagen sind so vorauszusehen.

Freilandterrarium

In der Freilandanlage ist in der Legeperiode der Schildkröten der Eiablageplatz täglich zu kontrollieren. Darüber hinaus wird es notwendig, zu groß gewordene Pflanzen zu beschneiden und Pflanzen im Terrarium zu wässern. Im Frühjahr werden neue Futterpflanzen angesät und die Umfriedung begutachtet. Es fallen weiterhin alle Arbeiten an, die täglich auch im Zimmerterrarium zu erledigen sind. Einmal wöchentlich ist die Polsterung der Unterschlüpfe zu inspizieren und eventuell mit Heu, Stroh oder Laub aufzufüllen. Sofern Gewächshäuser oder Frühbeethäuschen vorhanden sind, sollen bei sehr heißem Wetter die Fenster geöffnet werden. Wöchentlich nimmt die Pflege etwa zwei bis drei Stunden in Anspruch. Täglich sollten mindestens zwanzig Minuten mit der Beobachtung und Pflege der Tiere verbracht werden.

DER PRAXISTIPP: Schildkröten können entgegen der allgemeinen Annahme gut klettern. Eine am Gehegerand zu groß gewordene Pflanze kann als Steighilfe genutzt werden. Also immer darauf achten, dass die Einfriedung hoch genug ist und nicht durch Elemente im Freilandterrarium überklettert werden kann.

Männchen in der Freilandanlage des Verfassers
Foto: M. Herz

Winterruhe

BREITRAND-schildkröten kommen aus den gemäßigten Zonen und sind an einen Jahresrhythmus gebunden. Zur Gesunderhaltung, Fortpflanzung und natürlichen Haltung der Tiere ist ihnen unbedingt eine Winterruhe zu gewähren. Das trifft auch für Jungtiere aller Alterstufen zu, also auch fressen kaum noch, sonnen sich und entleeren ihren Darm. Sofern die Schildkröten im Freiland gehalten werden, ist eine Vorbereitung nicht nötig, da dies die Tiere selbst übernehmen. Im Zimmerterrarium gehaltene Schildkröten müssen auf die Winterruhe vorbereitet werden. Mittels Zeitschaltuhr wird die Beleuchtung und Heizung soweit reduziert, dass nach zwei

Wenn es draußen kühler wird, ziehen sich die Breitrandschildkröten vermehrt in ihre Verstecke zurück. Foto: M. Herz

einjährige Schildkröten und Schlüpflinge. Der Organismus der Schildkröten ist darauf eingerichtet. Gehen die Temperaturen im Herbst zurück und nimmt die Tageslänge ab, sind das die Auslöser für die Tiere, sich auf die Winterruhe vorzubereiten. Sie Wochen weder Licht noch Wärme vorhanden ist. In dieser Zeit ist den Tieren kein Futter anzubieten. Zwei- bis dreimal sind die Tiere in dieser Zeit in lauwarmem Wasser zu baden, damit der Darm restlos entleert ist. Vor dem endgültigen Verbringen in das

Überwinterungsquartier sind die Tiere zwei Tage kühl zu stellen.
Es gibt mehrere Methoden zur Überwinterung mediterraner Landschildkröten:

- Überwinterung im Freiland
- Überwinterung im Keller
- Überwinterung im Kühlschrank

Welche Möglichkeit gewählt wird, hängt von den Gegebenheiten des Halters ab. Bislang sind mir nur sehr wenige erfolgreiche Überwinterungen im Freiland von Breitrandschildkröten bekannt. Im strengen Winter 2005/2006 überwinterte – unbeabsichtigt – ein adultes Männchen meiner Zuchtgruppe im Freiland. Wegen des sehr kalten Winters hatte ich das Tier aufgegeben, staunte jedoch, als am 10.04.2006 dieses Männchen vor dem Schlafhaus in der Sonne lag und die Zeit unbeschadet überstanden hatte.
Die Freilandüberwinterung ist die risikoreichste. Ratten und Mäuse können in das Quartier eindringen und den Schildkröten Schaden zufügen. Des Weiteren erwachen die Tiere bei schönem Wetter im Winter und schaffen es u. U. nicht rechtzeitig vor Frosteinbruch, sich wieder tief genug einzugraben. Um ganz sicher zu gehen, sollten sie stattdessen im Keller oder im Kühlschrank überwintert werden. Eine Kontrolle der Tiere ist so leicht möglich und bei konditionsschwachen Tieren

Wenn die Tiere im Freilandterrarium gehalten werden, ist eine Vorbereitung auf die Winterruhe nicht nötig, da dies die Tiere selbst übernehmen. Foto: M. Herz

(Augen sind eingefallen, Tiere wirken kraftlos) kann die Winterruhe sofort abgebrochen werden. Außerdem kann hier die Dauer der Ruhe bestimmt werden. Für die Überwinterung im Keller können Holz oder Kunststoffkisten (Stapelboxen) benutzt werden. Diese werden mit Kies feiner Körnung 10 cm hoch befüllt. Es kann auch das handelsübliche Pflanzgranulat „Seramis" oder Blähton verwendet werden. Auf dieses Substrat kommt Moos oder Laub randhoch, sodass sich die Schildkröte gut eingraben kann. Vorzugsweise sollten die Tiere einzeln in die Kisten gesetzt werden. Zuvor ist das Substrat anzufeuchten (nicht nass). Die Kontrolle im Abstand von zwei Wochen beschränkt sich auf das Überprüfen des Feuchtigkeitsgehaltes (die Tiere dürfen nicht aus-

Die Einhaltung einer Winterruhe ist für die Gesundheit der Breitrandschildkröten von großer Bedeutung. Foto: M. Herz

trocknen), gegebenenfalls ist das Substrat mit kaltem Wasser zu besprühen. Ab und an werden auch die Tiere überprüft. Dies soll nicht allzu häufig geschehen, um sie nicht unnötig zu stören. Zur Überprüfung kann man die Schildkröten wiegen. Eine Abnahme von bis zu 10 % des Gewichtes ist unbedenklich Die Kisten werden mit Gaze oder Draht versehen, um das Eindringen von Ratten oder Mäusen zu verhindern. Die Temperatur im Überwinterungsraum soll 3–6 °C betragen. Bei höheren Temperaturen erwachen die Schildkröten, bewegen sich und verlieren so unnötig Energie. Unter Umständen kann das großen Schaden an den Tieren verursachen. Die Überwinterung im Kühlschrank wird analog der Kellerüberwinterung durchgeführt. Es ist zu empfehlen, einen gesonderten Kühlschrank für die Pfleglinge zu benutzen. Ein Getränkekühlschrank leistet gute Dienste. Zuvor ist das Gerät etwa eine Woche vor der Überwinterung anzuschalten. Die Temperatur des Kühlschranks wird auf 3–4 °C eingestellt. Eine regelmäßige Kontrolle der Feuchtigkeit ist hier unerlässlich, da das Substrat im Kühlschrank schneller austrocknet. Alle zwei Wochen wird der Kühlschrank gelüftet. Die Dauer der Hibernation soll etwa von November bis März dauern. Bei mir läuft die Überwinterung folgendermaßen ab: Anfang Oktober werden die Schildkröten aus dem Freilandterrarium in das ungeheizte Gewächshaus überführt. Dort wurde zuvor Stroh kniehoch eingebracht, damit die Tiere sich darin vergraben können und vor Kälte geschützt sind. Bis zu den ersten Nachtfrösten, spätestens bis Ende November verbleiben sie dort. Dann werden die Breitrandschildkröten ausgegraben, in Stapelboxen verbracht und in den Kühlschrank gegeben. Im März werden die Tiere aus dem Kühlschrank geholt und in das Gewächshaus überführt. Dort grabe ich sie in das Substrat ein. Um größere Temperaturschwankungen zwischen Kühlschrank und Gewächshaus zu vermeiden, erfolgt der Quartierwechsel am Abend. Sie erwachen dann von selbst und meist sind schon am nächsten Tag Paarungen zu beobachten. Im Gewächshaus verbleiben sie so lange, bis sich die Temperaturen stabilisiert haben, spätestens Mitte April erfolgt der Wechsel in die Freilandanlage.

Beendigung der Winterruhe

ETWA Ende März können die Schildkröten aus dem Winterschlaf geholt werden. Dabei ist an den Tieren eine Überprüfung des Gesundheitszustandes vorzunehmen. Bei stark eingefallenen Augen oder starker Dehydrierung (Austrocknung, zu erkennen an den eingefallenen Augen) sind die Tiere unbedingt zu baden. Dem Bad ist etwas Salz und Zucker hinzuzufügen, um den Elektrolythaushalt zu stärken. Wer über kein Frühbeet oder Gewächshaus verfügt, sollte warten, bis die Temperaturen sich stabilisiert haben und mit starken Frösten nicht mehr zu rechnen ist. Spätestens um den 15. April herum sollte die Winterruhe jedoch beendet sein. Sofern die Tiere nach der Überwinterung direkt in das Freilandterrarium überführt werden, sind keine besonderen Maßnahmen notwendig. Die Schildkröten werden in der Schutzhütte oder Frühbeet im Substrat eingegraben und erwachen so von selbst. Wasser ist den Schildkröten zur Verfügung zu stellen. Kommen die Tiere in ein Zimmerterrarium, hat die Steigerung der Temperatur analog der Zeitfolge vor der Winterruhe zu erfolgen. Das muss sehr sorgsam erfolgen, da Breitrandschildkröten größere Temperaturschwankungen mit einer Erkältung quittieren.

Dieses Jungtier hat die Winterruhe gut überstanden und begibt sich an den ersten warmen Tagen wieder auf Nahrungssuche. Foto: M. Herz

Breitrandschildkröte in ihrem Unterschlupf Foto: M. Herz

Gesundheit

DIE Überprüfung des Gesundheitszustandes der Breitrandschildkröten hat bei der täglichen Beobachtung zu erfolgen, um so Verhaltensänderungen frühzeitig zu erkennen. Es ist insbesondere auf Nase, Augen, Maul und Kot zu achten. Die Augen sollen klar, nicht verklebt und nicht eingefallen sein. Die Nase soll sauber, trocken und nicht feucht sein. Die Atmung soll geräuschlos, keinesfalls darf ein Pfeifen zu hören sein. Bei den Ausscheidungen handelt es sich um feste und dunkle wurstförmige Gebilde. Weiß abgegebener Grieß ist ein Abbauprodukt und unbedenklich. Breitrandschild-

DER PRAXISTIPP

Wiegen Sie Ihre Schildkröte monatlich, so können Sie leicht den Gesundheitszustand überprüfen. Das Tier muss kontinuierlich zunehmen. Ist eine Abnahme des Gewichtes festzustellen, muss eine Kotprobe auf Parasiten untersucht werden.

Eine artgerechte Haltung ist der wichtigste Faktor zur Vorbeugung von Krankheiten.
Foto: M. Herz

kröten sind in der Pflege heikler als andere europäische Landschildkröten. Auf starke Temperaturschwankungen reagieren sie sehr sensibel. Es kommt leicht zu einer feuchten Nase. Diese Tiere sind dann nicht so aktiv und fressen schlechter. Dadurch kann es zu weiteren Erkrankungen kommen. Erkrankte Tiere sind von den anderen zu separieren und einem reptilienerfahrenen Tierarzt vorzustellen, insbesondere bei folgenden Symptomen:

- stark eingefallene Augen
- feuchte Nase
- geräuschvolles Atmen
- Verletzungen des Panzers
- Legenot
- Nahrungsverweigerung
- und Teilnahmslosigkeit

Jungtiere im Freilandgehege Foto: M. Herz

Wunderschön gefärbtes Männchen im Nordosten von Griechenland. Leider weicht diese Färbung mit zunehmendem Alter dem Schwarzanteil. Foto: M. Herz

Die meisten Erkrankungen sind haltungsbedingt, liegen also in Haltungsfehlern begründet, z. B. Zugluft, einseitige Ernährung oder fehlende Winterruhe. Daher ist bei einer Erkrankung in jedem Fall die Haltung zu überprüfen und gegebenenfalls zu optimieren.

Reptilienkundige Tierärzte findet man nicht in jeder Stadt. Unter Umständen sind weite Fahrten zu unternehmen. Erfahrene Reptilientierärzte findet man auf der DHGT-Homepage (www.dght.de) oder aber über die örtliche Tierärztekammer.

Nachzucht

SCHILDkröten sind in freier Natur stark bedroht. Durch Raubbau an der Natur werden ihre Lebensräume dezimiert. Daher ist es anzustreben, die Tiere zur Nachzucht zu bringen und damit einen Teil zur Erhaltung der Art beizutragen. Nur so kann eine Haltung von Wildtieren in Menschenobhut gerechtfertigt werden. Eine erfolgreiche Vermehrung der Schildkröten ist der Höhepunkt der Haltung dieser liebenswerten Tiere. Wer bereits einmal die Aufzucht von Schildkrötenbabys zu erwachsenen Tieren erlebt hat, weiß, dass es eines der spannendsten und aufregendsten Kapitel der Schildkrö-

Paarung bei der Breitrandschildkröte. Deutlich zu erkennen ist das weit aufgerissene Maul. Im Rhythmus der Paarungsbewegungen werden tiefe Laute ausgestoßen. Foto: M. Herz

Das Männchen versucht bei der Balz das Weibchen in den Kopf zu beißen, um es zum Stehenbleiben zu bewegen. Durch diese Bisse ziehen die Weibchen ihre Weichteile ein, wodurch die Kloake nach außen gedrängt wird. Dadurch wird die Paarung erleichtert.
Foto: M. Herz

tenhaltung ist. Die Voraussetzung zur Zucht sind optimale Haltungsbedingungen und Tiere in guter Kondition. Grundvoraussetzung ist eine eingehaltene Winterruhe. Mit etwa acht bis zehn Jahren wird eine weibliche Breitrandschildkröte geschlechtsreif (Alter des Tieres und Gewicht müssen in Relation zueinander stehen). Die Männchen werden bereits mit sechs bis acht Jahren sexuell aktiv. Im Frühjahr, gleich nach dem Erwachen, sind die Männchen ganz besonders paarungswillig. Sie verfolgen die Weibchen und beißen diese in die Vorderextremitäten, damit sie stehen bleiben. Dabei können nicht nur die Weibchen Verletzungen am Panzer und den Weichteilen davontragen, sondern auch die Männchen. Blutige oder gar abgeschlagene Gularschilde (die paarigen, vordersten Schilde des Bauchpanzers) sind keine Seltenheit! Die Tiere sind genau zu beobachten und zur Gesunderhaltung notfalls zu separieren.

Weibchen bei der Eiablage Foto: M. Herz

Bleibt ein Weibchen stehen, wird es vom Männchen umrundet, das dann aufzureiten versucht. Ist das Weibchen paarungsbereit, wird die Paarung vollzogen und dauert etwa zwanzig Minuten. Das Männchen stößt dabei tiefe brummige Laute durch das geöffnete Maul aus, und das Weibchen bewegt im Rhythmus dazu den erhobenen Kopf. Etwa 5–6 Wochen nach der Paarung erfolgt die Eiablage. Allgemein finden die Eiablagen im Mai und im Juni statt. Diesen geht ein tagelanges Suchen des Weibchens nach einem Legeplatz voraus. Es ist unruhig und es kann zu Scheinpaarungen mit anderen

Weibchen kommen. Eine solche Scheinpaarung läuft genau wie eine Paarung zwischen einem Männchen und einem Weibchen ab. Der spätere Eiablageplatz wird vom Weibchen berochen, und mit dem Maul werden Bodenproben aufgenommen. Auch hält sich das Weibchen öfter an diesem Ort auf. Probegrabungen können ebenso stattfinden und sind ein untrügliches Zeichen für eine bevorstehende Eiablage. Am späten Vormittag, meist um die Mittagszeit, legen die meisten Tiere ihre Eier ab. Das deckt sich mit Beobachtungen in der freien Natur, wo ein Weibchen auf Sardinien um 11.30 Uhr bei der Eiablage beobachtet wurde (MATZANKE 2000) und acht Eier ablegte. Als früheste Tageszeit der Eiablage konnte ich bei meinen Tieren 8.15 Uhr und als späteste 20.00 Uhr notieren. Mit den Hinterbeinen wird eine Grube von bis zu 10 cm Tiefe ausgegraben. Eine Eiablage dauert circa zwei Stunden, bei Weibchen, die zum ersten Mal legen, kann der Legevorgang bis zu drei Stunden in Anspruch nehmen. Die Gelegegröße schwankt zwischen 4 und 12 Eiern, es gibt auch Weibchen, die 17 Eier legen können (ROHR 1970). Im Durchschnitt legen Breitrandschildkröten acht Eier. Ein Weibchen, das von mir aufgezogen wurde, legte im Alter von 10 Jahren, bei einem Gewicht von 1800 g und einer Größe von 24 cm, beim ersten Mal fünf Eier, woraus fünf Jungtiere schlüpften. Die Eier hatten ein Gewicht von 15 g (3) bzw. 17 g (2). Beim Schlupf wogen die Jungtiere 9,5 g, 10 g und 11 g (3 Tiere). Bis zu drei Gelege pro Saison können abgesetzt werden. Eine Zweitablage erfolgt etwa 30 Tagen nach der ersten. Vorsichtig werden die hartschaligen Eier aus der Nistgrube entnommen. Sie dürfen nicht gedreht werden, um ein Absterben des Embryos zu verhindern. Daher werden die Eier mit einem Bleistift auf der Oberseite markiert. Sofern bekannt ist, von welchem Weibchen das Gelege stammt, sind das Muttertier und das Ablagedatum zu notieren. Die so gewonnenen Werte helfen, Statistiken zu erstellen, Analysen zu treffen und die Haltung zu verbessern. Man entfernt anhaftenden Schmutz von den Eiern und überführt sie in den Brutapparat. Eier von Breitrandschildkröten sind kugelförmig, zwischen 31–36 x 28–34 mm groß und wiegen 15–20 g. Stunden nach der Eiablage zeigt sich auf den Eiern ein weißer Fleck, wenn diese befruchtet sind. Damit beginnt die Entwicklung des Keimlings.

Inkubation

LANDschildkröten betreiben keine Brutpflege. Nach der Eiablage ist der Bezug zum künftigen Nachwuchs erloschen. Da die Temperatur in unseren Breitengraden zur Entwicklung nicht ausreicht, sind die Eier in einen Inkubator zu verbringen. Man kann sowohl selbst gebaute als auch käufliche Brutkästen (z. B. „Jäger-Kunstglucke“) verwenden. Ein Selbstbau ist leicht zu realisieren. Man nimmt einen Styroporbehälter mit Deckel und füllt darin Wasser ca. 10 cm hoch ein. Dann nimmt man zwei Backsteine und legte diese hinein. Das Wasser wird mit Hilfe eines Aquarienheizstabs beheizt. Auf die Backsteine kommt ein Behälter, in den man die Eier samt Substrat legt. Der Behälter mit den Eiern ist mit einem Handtuch abzudecken, alternativ kann auch eine Glasscheibe verwendet werden, die schräg aufgelegt wird, damit das Kondenswasser abfließen kann. Abschließend ist der Deckel des Styroporbehälters aufzulegen, damit der Wärmeverlust gering gehalten wird.

Eier der Breitrandschildkröte Foto: M. Herz

Als Brutsubstrat eignet sich Vermiculit, Seramis-Pflanzgranulat, Sand, Perlit oder Terrarienhumus. In die „Jäger-Kunstglucke“ ist ein Wasserbehälter einzubringen, der für die nötige Luftfeuchtigkeit sorgt. Im Selbstbauinkubator herrscht genügend Luftfeuchtigkeit, welche etwa 65–80 % betragen sollte. Die Eier dürfen nie direkt mit Wasser in Berührung kommen, da ansonsten der Embryo absterben kann. Ob die Eier vollständig, halb oder gar nicht in das Substrat eingebettet werden, ist meiner Ansicht nach unerheblich für eine erfolgreiche Erbrütung von Breitrandschildkröten. Nicht eingegrabene Eier sind Temperaturschwankungen beim Öffnen des Inkubators stärker unterworfen als vollständig oder halb eingegrabene. Die Inkubationsdauer und das Geschlecht der Embryonen sind von der Höhe der Bruttemperatur abhängig, es handelt sich hier um eine so genannte temperaturabhängige Geschlechtsfixierung. Bei Breitrandschildkröten ist bislang kein Scheitelpunkt ermittelt worden. Er dürfte sich aber an dem der Griechischen Landschildkröte (*Testudo hermanni boettgeri*) orientieren. Nach EENDERBARK (1995) liegt dieser bei 31,5 °C. Bei einer Temperatur über diesem Brutscheitelpunkt kommt es zu der Erbrütung von Weibchen, darunter entwickeln sich Männchen. Befruchtete Eier erkennt man daran, dass sie mit fortschreitender Inkubationsdauer dunkler werden, unbefruchtete Eier dagegen bleiben hell. Eier, die nach 14 Tagen noch hell sind, entwickeln sich nicht und sollten aus dem Inkubator aussortiert werden. Unbefruchtete Eier können bei stark fortgeschrittener Fäulnis explodieren und stinken dann fürchterlich. Bei einer Temperatur von 29–30 °C schlüpfen die Tiere nach 69 Tagen, bei einer Temperatur von konstant 32 °C schlüpfen die ersten Babys eines Geleges nach 58 Tagen. Bei einer Bruttemperatur von 30–33 °C schlüpfen die kleinen Schildkröten im Durchschnitt nach 70 Tagen. Innerhalb eines Geleges können die Tiere unterschiedlich schlüpfen. So schlüpfte bei einer konstanten Temperatur von 32 °C die erste Schildkröte nach 58 Tagen, die letzte fünf Tage später. Es gibt auch Fälle, in denen diese Zeitspanne 30 Tage betrug. Eine Nachtabsenkung im Inkubator bringt vitalere Jungtiere hervor, jedoch muss die Temperaturverlaufskurve betrachtet werden, damit so nicht ausschließlich Männchen erbrütet werden. Diese Temperaturabsenkung kann 4–5 Stunden und um 5 °C betragen. Zwillinge und auch Siamesische Zwillinge von Breitrandschildkröten sind bekannt geworden (HEIMANN 1993; MÄHN 1996). Bei einer sehr hohen Inkubationstemperatur kann es zu Schildanomalien bei den Schlüpflingen kommen. So sind bei mir von 140 gezüchteten Tieren aus den Jahren 2002–2005, welche bei über 31,5 °C Inkubationstemperatur gezeitigt wurden, acht Junge mit Anomalien geschlüpft, also etwa 6 %. Von meinen Nachzuchten aus den Jahren 2002–2005 schlüpften ca. 45 % am Vormittag (00.00–12.00 Uhr) und 55 % am Nachmittag (von 12.00–24.00 Uhr).

Naturbruten der Breitrandschildkröte in Freilandterrarien sind im Jahre 2003 aus der Schweiz in Höhenlangen von unter 600 m ü. NN bekannt geworden (WÜTHRICH 2004).

Schlupf und Aufzucht

MIT der an der Spitze der Schnauze sitzenden Eischwiele öffnet die Schildkröte das Ei.

Zuerst werden die Eihaut und dann die Eischale durchbrochen. Das Loch wird so erweitert, dass der Kopf hindurchpasst. Mitunter beißt die schlüpfende Schildkröte Stücke von der Eischale ab. Dann wird mit einem der Beine das Ei weiter geöffnet. Dann schaut das zweite Bein heraus, bis letztendlich die Schildkröte das Ei verlässt. Vom ersten Durchbrechen bis zum endgültigen Schlupf können 48 Stunden vergehen. Zwischen 7,5 und 17 g schwer und 30–40 mm lang sind die Jungtiere beim Schlupf. Nach dem Schlupf weisen die Tiere in der Mitte des Plastrons eine Querfalte auf. Wenige Stunden später hat sich die kleine Schild-

Inkubator nach Budde mit Eiern verschiedener europäischer Landschildkröten Foto: M. Herz

kröte gestreckt, und die Plastronfalte ist nicht mehr sichtbar. Dann ist sie auch größer als unmittelbar nach dem Schlüpfen. Schildkröten, die mit einem großen Dottersackrest schlüpfen, werden in ein separates Gefäß mit angefeuchtetem Haushaltspapier gegeben und wieder in den Inkubator verbracht. Sobald der Dottersack resorbiert ist, können die Jungtiere in das Terrarium gegeben werden. Die Babys werden in lauwarmem Wasser (ca. 30–35 °C Wassertemperatur) gebadet. Dabei trinken sie. Ich überführe die Schildkröten in eine zum Terrarium umfunktionierte Plastikbox mit den Maßen 70 x 45 x 30 cm (Länge x Breite x Höhe), die oben mit einem Gitter als Abdeckung versehen ist. Mehr als zehn Tiere sind wegen der Stressanfälligkeit nicht in einem Terrarium der angegeben Größe unterzubringen. Als Substrat wird bis zur vollständigen Resorption des Dottersackes angefeuchtetes Haushaltspapier verwendet. Erst danach kommt Terrarienhumus, bestehend aus Resten der Kokosnuss, als eigentliches Substrat in das Terrarium. Dabei handelt es sich um ein rein pflanzliches Produkt, das

WUSSTEN SIE SCHON?
Sepiaschale (genauer: Sepiaschulp) besteht zu 41 % aus Kalzium und stammt vom Tintenfisch. Sie wird im Zoohandel für Ziervögel angeboten, ist aber auch ein bewährter Kalklieferant in der Terraristik.

Kopf und ein Vorderbein haben bereits die Schale durchbrochen. Bis zum endgültigen Schlupf können jetzt aber noch Stunden vergehen. Foto: M. Herz

Der Schlupf beginnt! Foto: M. Herz

die Feuchtigkeit hervorragend speichert, hitzesterilisiert und daher frei von Pilzen und Mikroorganismen ist.

Die Substrathöhe ist so bemessen, dass sich die Schildkröten mindestens panzerhoch eingraben können. Bei schönem Wetter werden die Jungtiere in der Plastikbox auf die Terrasse gestellt, um sie dem ungefilterten Sonnenlicht auszusetzen. Dabei sorgt das aufliegende Gitter für Schutz vor Feinden wie Katzen, Vögeln oder Mardern. Für Schatten sorgt eine Korkplatte, die das Terrarium zu einem Drittel abdeckt. Eine Überhitzung muss unbedingt vermieden werden. So oft es die Temperaturen zulassen, sollten die Tiere so dem ungefilterten Sonnenlicht und dem natürlichen Klima ausgesetzt werden. Wenn das Wetter es nicht zulässt, werden die Babys in die Wohnung geholt; dort wird auf das Gitter der Plastikbox eine 70-W-HQI-Lampe (Daylight) gesetzt. Diese Lampe erhellt und erwärmt das Terrarium der kleinen Schildkröten. Die Dauer der Beleuchtung beträgt täglich zehn

DER PRAXISTIPP

Ein ausreichend feuchtes Substrat ist enorm wichtig für das gleichmäßige und glatte Heranwachsen der Jungtiere! Unschönes Höckerwachstum des Panzers kann so vermieden werden.

Stunden, wobei unter dem Strahler Temperaturen von bis zu 40 °C erreicht werden. In der Nacht sinkt die Temperatur bis auf 18–20 °C ab. Diese Nachtabsenkung ist förderlich für die Schildkröten und entspricht den Gegebenheiten der Natur. Die Jungtiere erhalten dasselbe Futter wie die Adulten, z. B. Löwenzahn, Spitz- und Breitwegerich, Weiß-, Rot-, und Perserklee, Malvenblätter und deren Blüten, Brennnesseln und Disteln. Sie werden täglich gefüttert. Zu Beginn können sie auch zweimal am Tag gefüttert worden. Es sollte soviel gereicht werden, wie die Tiere umgehend auffressen. Wird gierig alles aufgefuttert, ist neues Futter nachzugeben. So wachsen sie rasch heran und können ihr Gewicht nach zehn Wochen bereits verdoppelt haben. Wichtig ist es, den Tieren genügend Kalzium zukommen zu lassen. Dies kann in Form von Sepiaschale, abgekochten Eierschalen oder Taubengrit erfolgen. Sie werden einfach in das Terrarium gelegt und von den Jungschildkröten bei Bedarf selbstständig gefressen. Zerkleinert darf die Kalkzugabe auch über das Futter gestreut werden.

Die kleinen Schildkröten werden wöchentlich ein- bis zweimal gebadet. Am Morgen und am Abend wird das Terrarium mit Wasser überbraust, um damit Morgen- und Abendtau zu simulieren.

Schlüpflinge beim Verfasser. Das rechte Tier hat eine Schildanomalie. Foto: M. Herz

Dieses zwei Mal tägliche Überbrausen der Tiere sollte diesen unbedingt gewährt werden. Bedenken Sie bitte, dass junge Landschildkröten einen höheren Wasser- und Feuchtigkeitsbedarf haben als adulte Exemplare. Die Jungtiere werden bei mir bis zum 10. Dezember eines jeden Jahres in dieser Form gehalten. Dann wird die Beleuchtung schrittweise so weit reduziert, dass die Tiere ab dem 24. Dezember eingewintert werden können. Das Füttern wird gänzlich eingestellt. Kurz vor dem Einwintern werden die Jungtiere nochmals gebadet. Die Tiere überwintern zwei Monate bei 4 °C im Kühlschrank. Danach erfolgt die Haltung im Zimmerterrarium. Sobald es die Witterungsbedingungen zulassen, werden die Schildkröten in das Freilandterrarium überführt. Dieses ist ein Frühbeethaus, das teilweise mit einer Hohlkammerplatte abgedeckt ist. Der andere, nicht abgedeckte Teil der Anlage ist zum Schutz vor Fressfeinden mit Kaninchendraht überspannt. Ab dem dritten Lebensjahr können die jungen Schildkröten wie die Alttiere behandelt werden.

Das Wachstum junger Schildkröten ist von vielen Komponenten abhängig. Menge und Qualität der Nahrung, Licht und Wärme-

Aufzuchtbox für Breitrandschildkröten. In solch einem Behälter können die Schlüpflinge (ohne Wärmequelle) im Freiland gehalten werden. Das Gitter sorgt für den entsprechenden Schutz vor Prädatoren, für Beschattung muss zusätzlich gesorgt werden.

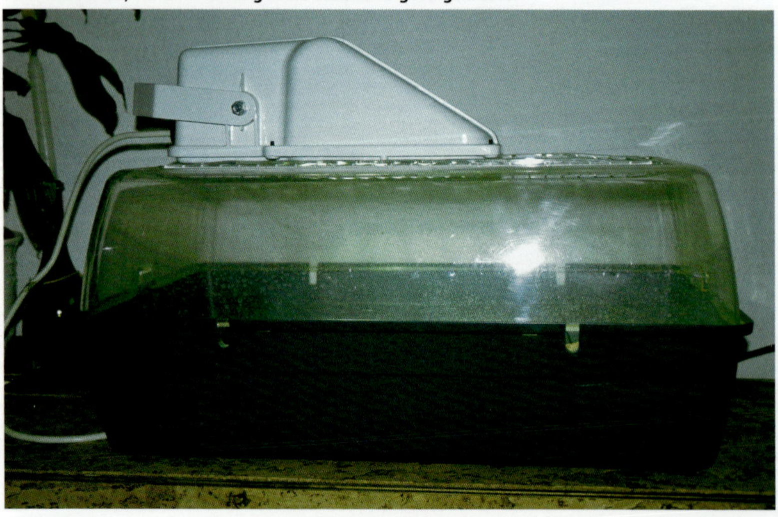

angebot sind Faktoren, die im Jahresverlauf Schwankungen unterworfen sind. Als Richtmaße aus der freien Natur können gelten: Nach einem Jahr das Dreifache des Schlupfgewichts, nach zwei Jahren etwa das Fünffache und nach drei Jahren können die Tiere bereits das Achtfache ihres Geburtsgewichtes erlangt haben.

Es geht allerdings auch schneller: Ein Jungtier, das bei mir mit einem Gewicht von 11 g am 17.08.2002 schlüpfte, regelmäßig Winterschlaf hielt und von Mai bis September im Freiland gehalten wurde, hatte am 07.08.2005 ein Gewicht von 420 g und eine Carapaxlänge von 13,5 cm erreicht. Dabei wies es einen schönen glatten und wohlgeformten Panzer auf. Mir sind Jungtiere bekannt, die nach zwei Jahren ein Gewicht von 660 g bzw. 890 g auf die Waage brachten und dabei keinerlei Mangelerscheinungen aufzeigten. Dabei hatten sie eine Carapaxlänge von 15,05 und 17,25 cm. Ob solche „Dampfaufzuchten" auch ein hohes Alter erreichen, ist aber mehr als zweifelhaft. Jungtiere sind noch glattrandig und haben nicht den namensgebenden breiten Rand der Marginalschilde. Erst in einem späteren Lebensabschnitt bildet sich dieser heraus. Da Schildkröten ihr Leben lang wachsen, sind besonders alte Tiere mit einem breiten Randschild ausgestattet.

Ein hoffentlich langes Breitrandschildkrötenleben beginnt.
Foto: M. Herz

Weitere Informationen

ZUR Vertiefung der in diesem Buch gegebenen Informationen und zum tieferen Einblick in terraristische und herpetologische Themenbereiche empfehlen sich die Mitgliedschaft in einem Verein gleich gesinnter Schildkrötenliebhaber oder Terrarianer so-

Zeitschriften

REPTILIA, TERRARIA
Terraristik-Fachmagazine, erscheinen je sechs Mal jährlich, jeweils mit RepTV, die Kleinanzeigen- und Fernsehzeitschrift für Terrarianer
Natur und Tier - Verlag GmbH; An der Kleimannbrücke 39/41; 48157 Münster;
Tel.: 0251-13339-0;
E-Mail: verlag@ms-verlag.de;
www.ms-verlag.de

DATZ
Die Aquarien- und Terrarien-Zeitschrift
erscheint monatlich
Verlag Eugen Ulmer
Wollgrasweg 41
70599 Stuttgart
www.datz.de

MARGINATA
Schildkröten-Fachmagazin, erscheint vier Mal jährlich
Natur und Tier - Verlag GmbH, s. o.

DRACO
Terraristik-Themenheft
erscheint vier Mal jährlich
Natur und Tier - Verlag GmbH, s. o.

Sauria
Terraristik und Herpetologie, erscheint vier Mal jährlich
Terrariengemeinschaft Berlin e. V., Bruno Treu, Christstr. 30, 14059 Berlin
www.sauria.de;
E-Mail: abo@sauria.de

Vereine und Interessengruppen

Die Deutsche Gesellschaft für Herpetologie und Terrarienkunde (DGHT; www.dght.de; DGHT e.V., Postfach 1421, 53351 Rheinbach, Tel.: 02225-703333, E-Mail: gs@dght.de) ist mit über 8000 Mitgliedern die weltweit größte Gesellschaft ihrer Art und bringt Wissenschaftler und Hobbyherpetologen zusammen. Mitglieder erhalten vierteljährlich mindestens drei verschiedene herpetologisch/ terraristische Zeitschriften.
Innerhalb der DGHT existiert die AG Schildkröten (www.ag-schildkroeten.de), die jährliche Fachtagungen veranstaltet und eine eigene Schildkrötenzeitschrift, die RADIATA, herausgibt, die die Mitglieder erhalten. Kontakt über die DGHT-Geschäftsstelle.

wie ein intensives Literaturstudium. Die folgenden Auflistungen sollen dabei behilflich sein, einen Einstieg in die Thematik zu finden, können aber natürlich nur einen kleinen Ausschnitt zeigen.

Für die Breitrandschildkröte existiert ein Zuchtbuch. Zuchtbuchführer ist Ruurd van Donkelaar, Laantje 1, NL-4251 EL Werkendam, E-Mail: ruurdvandonkelaar@worldmail.nl

Untersuchungsstellen

Kotproben, Sektionen und andere Untersuchungen können von spezialisierten Tierärzten oder von veterinärmedizinischen Untersuchungsstellen, die es in vielen Städten gibt, vorgenommen werden. Eine Liste mit Tierärzten, die sich mit Reptilien und Amphibien beschäftigen, kann über die DGHT bezogen oder auf www.dght.de eingesehen werden. Überregional bekannt sind z. B. folgende Einrichtungen:

Universität München
Institut für Zoologie, Fischereibiologie und Fischkrankheiten der tierärztlichen Fakultät
Kaulbachstr. 37
80539 München
Tel.: 089 2180 2687
E-Mail: office@zoofisch.vetmed.uni-muenchen.de
www.vetmed.lmu.de/zoofisch/

Exomed
Erich-Kurz-Str. 7
10319 Berlin
Tel.: 030-5112008
E-Mail: labor@exomed.de
www.exomed.de

Chemisches und Veterinäruntersuchungsamt Ostwestfalen-Lippe
Westerfeldstr. 1
32758 Detmold
Tel.: 05231-9119
E-Mail: poststelle@svua-detmold.nrw.de
www.cvua-owl.nrw.de

Vet Med Labor GmbH
Mörikestraße 28/3
71636 Ludwigsburg
Tel.: 01802-838633
E-Mail: info@vetmedlabor.de
www.vetmedlabor.de
(für privat nur über Ihren Tierarzt)

Artenschutzfragen

Bundesamt für Naturschutz
Artenschutzvollzug
Konstantinstr. 110
53179 Bonn
Tel.: 0228-8491-1311
E-Mail: citesma@bfn.de
www.bfn.de

Männchen beim Abweiden von Klee
Foto: M. Herz

Weiterführende und verwendete Literatur

A. Bücher

BENDER, C. (2001): Fotodokumentation von geschützten Reptilien. – DGHT, Rheinbach, 27 S.

BUNDESMINISTERIUM FÜR ERNÄHRUNG, LANDWIRTSCHAFT UND FORSTEN (1997): Gutachten über Mindestanforderungen an die Haltung von Reptilien. – Sonderausgabe der DGHT, Rheinbach, 67 S.

BRINGSOE, H., J.R. BUSKIRK & R.E.Willemsen (2001): *Testudo marginata* SCHOEPFF, 1792 – Breitrandschildkröte. – S. 291–334 in U. FRITZ (Hrsg): Handbuch der Reptilien und Amphibien Europas: Schildkröten (Testudines) I., Band 3/III A. – Aula Verlag, Wiebelsheim.

DENNERT, C. (2001): Ernährung von Landschildkröten. – Natur und Tier - Verlag, Münster, 143 S.

KIRSCHE W. (1997): Die Landschildkröten Europas. – Mergus Verlag, Melle, 104 S.

MATZANKE W. (2000): Die Schildkrötenfauna Sardiniens. – S. 39–44 in ARTNER, H. & E. MEIER (Hrsg.): Schildkröten Symposiumsband. – Natur und Tier - Verlag, Münster.

MEYER, R. (1992): Die Europäischen Landschildkröten. Leben – Haltung - Zucht. – AVA Agrar Verlag, Allgäu, Kempten, 127 S.

MÜLLER, M-J. (1996): Handbuch ausgewählter Klimastationen der Erde. – Forschungstelle Bodenerosion der Universität Trier, Mertensdorf (Ruwertal), 5. Heft, 400 S.

SASSENBURG (2000): Schildkrötenkrankheiten. – bede-Verlag, Ruhmannsfelden, 96 S.

SCHOEPFF, J.D. (1792). Historia Testudinum iconibus illustrata. – Erlangae (Erlangen), (J.J. Palm), i–xii,1–136, pl. I-XXXI.

RUDOLFF, H.-W. (1990): Schildkröten. – Urania Verlag, Jena, 155 S.

TRURTNAU, L. (1994): Terraristik. – Ulmer, Stuttgart, 320 S.

VETTER, H. (2006):Griechische Landschildkröte, Dalmatinische und Italienische Landschildkröte. – Edition Chimaira, Frankfurt /Main, 325 S.

VINKE, T. & S. VINKE (2004): Vermehrung von Landschildkröten. – Herpeton Verlag, Offenbach, 189 S.

B. Zeitschriftenartikel

ARTNER, H. (1998): Haltung und Nachzucht der Breitrandschildkröte *Testudo marginata* SCHOEPFF, 1792 nebst Beobachtungen im natürlichen Lebensraum. – Emys 5(4):5–24.

BAUR, M. & R.W. HOFFMANN (2004): Winterruhe bei Europäischen Landschildkröten. – MARGINATA 1(1): 48–54.

BOUR, R. (1995): Une nouvelle espèce de tortue terrestre dans le Péloponnèse (Grèce). – Dumerilia 2: 23–54.

BUDDE, H (1980): Verbesserte Bruthehälter zur Zeitigung von Schildkrötengelegen. – Salamandra 16(3): 177–180.

DENNERT, C (2000): Verwendung von Heucobs als Ergänzungsfutter für Landschildkröten. – DRACO 1(2): 52–55.

EENDERBAK, B.T. (1995): Incubation period and sex ratio of Herman's tortoise, *Testudo hermanni boettgeri*. – Chelonian Conservation and Biology 1(3): 22–31.

FRITZ, U., P. SIROKY., H. KAMI, M. WINK (2005): Environmentally caused dwarfism or a valid species – Is *Testudo weissingeri* BOUR, 1996 a distinct evolutionary lineage? New evidence from mitochondrial and nuclear genomic markers. – Molecular Phylogenetics and Evolution, Vol. 37(2): 389–401.

FRITZ, U., M. AUER, A. BERTOLERO, M. CHEYLAN, T. FATTIZZO, A. HUNDSDÖRFER, M.S. SAMPAYO, J.L. PRETUS, P. SIROKY & M. WINK (2006): A rangewide phylogeography of Hermann's tortoise, *Testudo hermanni* (Reptilia: Testudines: Testudinidae): implications for taxonomy. – The Norwegian Academy of Science and Letters, Zoologica Scripta: 1–13.

HEIMANN, E. (1987): Pflege und Zucht der Breitrandschildkröte, *Testudo marginata*. – Aquarien-Terrarien, Berlin, 34(1): 29–31.

– (1993): Drei Zwillingspaare bei *Testudo marginata*. – Salamandra 29(3/4): 167–172.

HERZ, M. (1994): Beobachtungen an Breitrandschildkröten *Testudo marginata* SCHOEPFF, 1792 in freier Natur. – Sauria 16(1): 27–30.

HILLER, A. (2003): Krankheit und Alter einer *Testudo marginata*. – elaphe 11(3): 37.

KEYMAR, P.F. & H. WEISSINGER (1987): Distribution, morphological variation and status of *Testudo marginata* in Greece. – Proceedings of the 4th Ordinary General Meeting of the Societas Europae Herpetologica: 219–222.

LOUMBOURDIS, N.S. & M.E. KATTOULAS (1983): A Northernmost Locality for *Testudo marginata* SCHOEPFF, 1792 in Greece. – British Journal of Herpetology, Vol. 6: 348–349.

MÄHN, M. (1996): Siamesische Zwillinge bei der Breitrandschildkröte *Testudo marginata* (SCHOEPFF, 1792). – Salamandra 32(4): 259–262.

– (2004): Haltung und Zucht der Breitrandschildkröte (*Testudo marginata* SCHOEPFF, 1792). – MARGINATA 1(1):18–23.

PHILIPPEN, H.-D. (2005): Albino-Breitrandschildkröte (*Testudo marginata*) auf Sardinien gefunden. – MARGINATA 2(4): 43.

ROHR, W. (1970): Die Bedeutung des Wärmefaktors für Fortpflanzungsperiodik und Eiablageverhalten südeuropäischer Landschildkröten im Terrarium. – Salamandra 6: 99–103.

RUTTENSTORFER, W. & H. ARTNER (1997): Rekordgröße bei der Breitrandschildkröte *Testudo marginata*. – Emys 4(5): 34–36.

SIMON, K. (2000): Planung und Bau einer Freilandanlage für europäische Landschildkröten. – DRACO 1(2): 42–47.

VINKE, T. & S. VINKE (2003): Die Breitrandschildkröte – Vorurteile unbegründet. – DATZ 56 (12): 20–25.

WUTHRICH, F. (2004): Naturbruten im Jahre 2003 in der Schweiz. – Testudo 13(3): 5–20.

C. Internetquellen

www.Breitrandschildkroeten.de (Homepage des Autors)
www.testudoalbino.com
www.marginata.it
www.MARGINATA.dk